DO CORAÇÃO DE JESUS

O que Jesus diria para você, hoje

O autor cedeu os direitos autorais desta edição para
AMIGOS DO BEM
INSTITUIÇÃO NACIONAL CONTRA A FOME E A MISÉRIA
Rua Dr. Gabriel de Resende, 122 - São Paulo - SP
CNPJ 05.108.918/0001-72

José Carlos De Lucca
DO CORAÇÃO DE JESUS

O que Jesus diria para você, hoje

O autor cedeu os direitos autorais desta edição para
Amigos do Bem - Instituição Nacional Contra a Fome e a Miséria
Rua Dr. Gabriel de Resende, 122 - São Paulo - SP
CNPJ 05.108.918/0001-72

Do Coração de Jesus

Copyright© Intelítera Editora

Editores: *Luiz Saegusa* e *Claudia Zaneti Saegusa*
Direção Editorial: *Claudia Zaneti Saegusa*
Capa: *Casa de Ideias*
Projeto Gráfico e Diagramação: *Mauro Bufano*
Revisão: *Miriam Dias*
3ª Edição: *2025*
Impressão: *Lis Gráfica e Editora*

Dados Internacionais de Catalogação na Publicação (CIP)
(Câmara Brasileira do Livro, SP, Brasil)

De Lucca, José Carlos
    Do Coração de Jesus : O que Jesus diria para você, hoje / José Carlos De Lucca. - - São Paulo : Intelítera Editora, 2024.

ISBN: 978-65-5679-061-9

    1. Espiritismo 2. Jesus Cristo - Interpretação Espírita I. Título.

24-217574   CDD-133.93

Índices para catálogo sistemático:
1. Jesus Cristo : Doutrina espírita   133.901
Eliane de Freitas Leite - Bibliotecária - CRB 8/8415

Intelítera Editora
Rua Lucrécia Maciel, 39 - Vila Guarani
CEP 04314-130 - São Paulo - SP
(11) 2369-5377   (11) 93235-5505
intelitera.com.br | facebook.com/intelitera | instagram.com/intelitera

Do Coração de Jesus

Quando o consagrado autor José Carlos De Lucca me fez o convite para escrever algumas palavras como prefácio de sua nova obra, experimentei profunda emoção.

Meu coração sentiu que ***Alguém me tocou***.

Em muitos momentos em que atravessei meus desertos pessoais, encontrei na literatura do sensível e inspirado autor o bálsamo e o alento para prosseguir.

Seguindo na sua faina literária de aproximar ***O Mestre do Caminho*** do nosso cotidiano, fiquei emocionado e esperançoso de um tempo novo, na presença de Nosso Senhor, que segue falando aos nossos corações.

Ainda reverberam da Palestina de séculos atrás as palavras do ***Médico Jesus***, direcionadas aos peregrinos da imortalidade.

A leitura deste livro é uma conversa que nos faz sentir na companhia de um amigo muito íntimo. As letras escritas podem ser ouvidas como falas acolhedoras e amorosas de quem sonda e conhece o nosso espírito.

O Cristo conhece cada um de nós como o Bom Pastor, e cada página desta obra é uma conversa no sofá da sala, no corredor do hospital, na entrevista de emprego, na estação do adeus, quando alguém parte do nosso convívio físico; nas calçadas da vida, onde perambulamos, muitas vezes desesperançados.

Do Coração de Jesus, nasceram essas palavras, convites de um amigo para nossa ***Cura e Libertação***, as quais transcrevo do capítulo 37 – Atravessar a Rua:

Se você atravessar a rua da indiferença, irá me encontrar do outro lado da calçada, onde quase ninguém me procura. Eu ali estarei, de braços abertos para você!

Sugiro que o leitor esteja de braços e coração abertos, com olhos de ver, ouvidos de ouvir e coração para sentir o que vem ***Do Coração de Jesus*** pela escrita amorosa e necessária do autor.

Você vai ouvir e conversar com Jesus em cada frase deste livro.

Costumo dizer que, quando presenteamos alguém com um livro, não estamos presenteando, mas elogiando o destinatário do nosso gesto.

De Lucca me fez um elogio ao me apresentar esta obra, e é isso que cada leitor irá sentir no virar de cada página: Jesus elogiará seu coração, chamando-o de amigo.

Transcrevo mais uma frase *Do coração de Jesus*, grafada pelo autor no capítulo 38 – Seja Purificado:

Raros são os que enxergam na doença do corpo um tratamento de beleza do espírito! Querem a cura do corpo, sem higienizar a alma!

O Evangelho é um tratamento de beleza para nossas almas, seja a enfermidade física ou espiritual.

Do Coração de Jesus nos chegam as palavras para que possamos revelar a boniteza da nossa alma.

Bom tratamento!

Adeilson Salles
Palestrante, Escritor e Psicanalista

Sabemos que Nosso Senhor Jesus Cristo não é um símbolo morto, não é alguém que se distancia de nós, um mestre que nos haja abandonado sobre a Terra, aos poderes do mal. Aceitamos Nosso Senhor Jesus Cristo por hóspede invisível de nossas almas, Divino Mestre presente, sempre e sempre, cada vez mais presente, orientando-nos o pensamento e a conduta.

Chico Xavier[1]

---

1 O Evangelho de Chico Xavier, Carlos A. Baccelli, p. 46, Editora Didier.

Nota explicativa

Gostaria de deixar claro que este não é um livro psicografado. Não veio o Cristo a mim ditar o conteúdo desta obra. Este livro é resultado do meu esforço em me aproximar do coração de Jesus, sentir o que ele sente, pensar o que ele pensa, falar o que hoje ele falaria, a cada um de nós.

Eu bem sei o quão difícil é para o grão de areia falar sobre o Sol. Foi assim que me senti ao escrever este livro. Porém, se este grão de areia conseguiu refletir ao menos algumas batidas do coração de Jesus, eu me darei por inteiramente satisfeito.

O grão de areia acredita, sinceramente, que Jesus deseja falar diretamente à nossa mente e ao nosso coração. Ele tem feito isso de muitas maneiras.

Espero que, ao ler este singelo livro, você ouça o que Jesus amorosamente tem a lhe dizer.

José Carlos De Lucca
Junho de 2024

Sumário

1. Estou Aqui 15
2. Destrave o Coração 18
3. Transformar Lágrimas em Triunfos ... 21
4. As Duas Portas 25
5. Persevere 28
6. Viver o Reino 31
7. Os Tesouros do Coração 34
8. Meus Amigos 37
9. Coma do Meu Pão 40
10. Tome a Sua Cruz 43
11. Minha Compaixão 47
12. O Pouco com Deus é Muito 50
13. Nascer de Novo 54
14. Minhas Ovelhas 58
15. Retornar para a Casa do Pai 62
16. A Lógica do Céu 65
17. Culpa ou Responsabilidade? 68
18. Joia Preciosa 71
19. Quero Estar na Sua Casa 74

20 Qual é o Seu Tesouro 78
21 Servidores do Pai 81
22 Alguém Precisa de Nós 85
23 A Fraternidade 88
24 Nova Criatura 92
25 A Minha Amizade 96
26 Toque-me 100
27 Descrucifiquem-me 104
28 Onde Me Encontrar? 107
29 Tome da Minha Água 111
30 Chegou a Sua Hora 115
31 Venha para Fora 119
32 Nas Tempestades 122
33 Perdão e Autoperdão 126
34 Despir Sua Alma 130
35 Corra para Mim 134
36 Quem Sou Eu Para Você? 139
37 Atravessar a Rua 143
38 Seja Purificado 146
39 A Terra Prometida 150
40 Ofereço o Meu Coração 154

1

ESTOU AQUI

E lembrem disto: eu estarei com vocês
todos os dias, até o fim dos tempos.[2]

---

[2] Mateus 26, 20. Novo Testamento, Sociedade Bíblica do Brasil.

Meu bom amigo! Estou aqui! Não me sinta longe de você!

Não ache que eu o esqueci ou o isolei na condição de pecador incorrigível. Eu não estou aqui para julgá-lo! Aliás, você deve se lembrar de que eu não julgo as pessoas por seus erros. Eu apenas desejo ajudá-las a endireitar seus caminhos.

Você me conhece pelo nome de "Jesus Cristo", mas poderia também me chamar de "Jesus-Amor", "Jesus-Compaixão", "Jesus-Misericórdia"... Assim, você terá uma ideia mais aproximada de quem eu verdadeiramente sou.

Eu me aproximo de você diariamente, de mil maneiras; jamais me ausento da estrada da sua vida! Não há cantinho na Terra onde eu não esteja. Meu pensamento o alcança em fração de segundos; meu amor o envolve tão prontamente você me chama.

Sei o que você está passando, sei o que você está sentindo, sei o que você está precisando, conheço o que está em cada lágrima que você derrama.

Eu não estou aqui para isentá-lo dos seus desafios – você precisa deles para crescer. A vida proporciona a cada um as experiências necessárias à própria evolução. Mas estou ao seu lado, para acompanhá-lo em sua jornada de crescimento e triunfo sobre as dificuldades!

É por isso que nos encontramos por aqui! Fiz de tudo para que este livro chegasse às suas mãos, levando até você o meu coração. Fique comigo, ouça, medite nas minhas palavras, mas, sobretudo, sinta-me como alguém que o ama incondicionalmente, desde sempre e até a eternidade.

Do meu coração para o seu!

2

Destrave o Coração

O Reino de Deus está
dentro de vocês.[3]

---

3 Lucas 17, 21. Novo Testamento, Sociedade Bíblica do Brasil.

Não vim aqui para críticas. Vim para lembrá-lo da sua essência divina! Aliás, vim para relembrar muitas coisas que você esqueceu sobre si mesmo.

Meu desejo é que você viva a bondade que já existe em seu coração.

Afaste-se das negatividades do seu ego, que tanto mal fazem a você e aos que o rodeiam!

O ego é uma muralha que se constrói para se defender da ideia de não ser amado, de não ser adequado, de não ser suficiente. Liberte-se dessa imagem distorcida a seu respeito! Eu estou aqui para corrigir essa distorção, afirmando a você que Deus o ama e deseja que você seja o sal da terra e a luz do mundo, como eu já ensinei outrora![4]

Todo o mal que cometemos decorre do esquecimento de que somos filhos de Deus, cria-

---
4 Mateus 5, 13-14

dos à Sua imagem e semelhança, para viver em paz, alegria e fraternidade.

Esse é o Paraíso, que já podemos construir aqui na Terra mesmo; é o Reino de Deus, de que tanto tenho falado e ao qual eu insisto em convidá-lo a ingressar pelas portas do coração.

Esse Reino já existe, dentro de cada um, e é para isso que eu quero que você desperte!

Destrave o seu coração!

Deixe a bondade fluir...

Deixe o amor brotar...

Deixe o perdão cicatrizar...

Você sentirá coisas incríveis na alma e estará cada vez mais unido ao meu coração!

3

TRANSFORMAR LÁGRIMAS EM TRIUNFOS

Bem-aventurados os que choram, porque eles serão consolados.[5]

---
5 Mateus 5, 4. Bíblia & Chave Bíblica, tradução de João Ferreira de Almeida, Sociedade Bíblica do Brasil.

Quando você estiver chorando, creia que eu estarei ao seu lado, sentindo toda a sua dor e enxugando o seu pranto.

Eu guardo um lenço com seu nome inscrito em letras douradas.

Enquanto seco suas lágrimas, eu quero lhe dizer que, se você foi o responsável por elas, deve entender que todos ainda são passíveis de quedas e equívocos. Não seja cruel consigo mesmo!

Não esqueça que você ainda não é um anjo, mas um ser humano, passível de erros e acertos.

Eu gostaria que você soubesse que, um dia, em tempos longínquos, eu também errei. Eu não fui criado perfeito, como muitos imaginam. Meu Pai me criou como criou todos vocês. Minha evolução foi uma caminhada como tem sido a de vocês, feita, porém, em mundos diferentes da Terra.

Desse modo, eu compreendo a sua humanidade, pois eu também já fui humano – aliás, eu não perdi a minha humanidade e, justamente por isso, estou tão perto de vocês.

A perfeição ainda está distante dos meus irmãos. Mas, nem por isso, vocês devem insistir em seus erros, pois, do contrário, haverão de sofrer indefinidamente. Eu fico triste quando vocês continuam sofrendo, insistindo em caminhos onde já se feriram outras vezes e, depois, ficam se remoendo em culpas. Não me agrada o remorso, mas, sim, o arrependimento, pois somente ele abre as portas para o Reino de Deus.[6]

Você não será salvo por mim, mas, sim, por suas próprias atitudes alinhadas com os meus ensinamentos. Meu propósito é que você também se torne um Cristo, como eu um dia me tornei!

E, mesmo que alguém tenha sido o responsável por seu pranto, procure não ficar remoendo mágoas. Não se torne escravo do mal que lhe fizeram. Isso não faz bem! Eu deixei a vocês um poderoso remédio que de-

---
6   Mateus 3, 2.

verá ser usado setenta vezes sete vezes, você se lembra?[7]

Use suas lágrimas para fertilizar a terra para novas e promissoras semeaduras; faça das suas quedas um motivo de crescimento; ajuste as suas velas para aproveitar os ventos contrários, e, assim, todo pranto, um dia, se transformará em vitória, e você, enfim, se tornará um bem-aventurado!

---

[7] Mateus 18, 21-22.

4

As Duas
Portas

Eu sou o caminho,
a verdade e a vida.[8]

---
8 João 14, 6. Novo Testamento, Sociedade Bíblica do Brasil.

Quando você estiver em dúvida sobre como agir em determinada situação conflituosa, saiba que estarei orando para que você escolha o melhor caminho a seguir.

Minha mensagem fala de paz, justiça, amor e fraternidade; pede reconciliação e perdão das ofensas; propõe humildade, benevolência e misericórdia. Essa é a porta estreita da qual um dia falei a vocês,[9] aquela que poucos decidem atravessar, mas é aquela que conduz aos melhores caminhos para a felicidade.

Já a porta larga, de fácil travessia, pela qual todas as paixões inferiores têm franco acesso, como a raiva, o ódio, a vingança, a cobiça, a inveja, a trapaça, a violência, a arrogância, a maledicência e a autocomiseração, é a porta que leva à exacerbação dos conflitos, que rouba a paz íntima, que produz doenças e que nos prende à roda dos sofrimentos humanos.

---
9 Mateus 7, 13-14.

A porta estreita liberta; a porta larga aprisiona!

Na vida, você sempre se deparará com essas duas portas. Esteja consciente daquela pela qual você entrará, porque a saída de uma delas o levará a situações felizes e, a da outra, a circunstâncias penosas.

Entre pela porta estreita! Venha comigo, crucifique o seu egoísmo, e você encontrará os melhores caminhos e decisões!

Eu desejo ardentemente que isso aconteça! É por essa razão que vim ao mundo e permaneço ao seu lado!

5

PERSEVERE

Aquele, porém, que perseverar
até o fim, esse será salvo.[10]

---

10 Mateus 24, 13. Bíblia de Jerusalém, Paulus.

Coragem, meu amigo, tenha bom ânimo! Você sabe que eu também sofri na Terra, mas venci todas as batalhas. Nem a crucificação apagou a minha mensagem; ao contrário, ela se propagou pelo mundo com muito mais vigor! Tanto é assim que, mais de dois mil anos depois, estamos aqui, eu e você, conversando sobre o meu Evangelho.

Depois que deixei o corpo físico, não parei um minuto para reclamar ou me queixar do que me aconteceu. Desde então, continuo trabalhando, perseverando nos objetivos que nosso Pai traçou para a espiritualização da Humanidade. Isso pode ser uma inspiração a você, para perseverar em seus propósitos. Lembre-se: eu afirmei que vocês poderiam fazer tudo o que eu fiz, e muito mais.[11]

Você nunca se arrependerá de ter perseverado na luta; no entanto, derramará muitas lágrimas se desistir da vida, se desistir de seus

---

11 João 14, 12.

sonhos. Você até pode mudar de planos – por vezes, é realmente necessário corrigir a rota, sem, contudo, entregar os pontos, quando ainda temos estradas pela frente.

Se você caiu, levante-se.

Se errou, corrija.

Se desistiu, recomece.

Se magoou alguém, peça perdão.

Se está magoado, desculpe.

Desfaça os nós da sua vida.

Seja como o rio, que flui e corre para o mar, contornando as pedras do caminho.

6

VIVER O REINO

Por isso, não andeis preocupados, dizendo: Que iremos comer? Ou, que iremos beber? Ou, que iremos vestir? [...] Vosso Pai celeste sabe que tendes necessidade de todas essas coisas. Buscai, em primeiro lugar, seu Reino e sua justiça, e todas essas coisas vos serão acrescentadas.[12]

---

12 Mateus 6, 31-33. Bíblia de Jerusalém, Paulus.

Espere em Deus. O Pai, que cuida tão bem das aves do céu, também cuidará de você com mais amor e carinho!

Não deixe que a preocupação aniquile os seus dias, arrasando suas possibilidades de ação naquilo que lhe compete fazer.

Antes de tudo, busque o Reino de Deus: ame quem cruzar o seu caminho, trabalhe pelo bem de todos, seja justo com seu próximo. O Reino é a família de Deus, da qual somos parte, e, portanto, devemos viver como irmãos uns dos outros, sem exclusão de quem quer que seja.

Todos sentados à mesa, comendo do mesmo pão e bebendo do mesmo vinho. A minha mensagem é o convite que faço a toda a Humanidade, para vivermos como membros da Família Universal.

Você consegue compreender o motivo pelo qual eu sempre fiz questão de ser companhia para os pobres, os doentes, os órfãos, os cobradores de impostos, as viúvas e os pecadores de todo gênero? Eles costumam ser os excluídos e rejeitados pela sociedade e pelos religiosos. Eu jamais poderia virar as costas para eles, porque são filhos amados de Deus como qualquer outro.

Ontem, como hoje, eles são membros da minha família.

Àquele que busca viver o Reino de Deus, cuidando da Família Universal, o Pai dará tudo o que for necessário, para que esse filho fiel viva com dignidade. A dificuldade surge a partir do momento em que o filho pede as bênçãos a Ele, sem, no entanto, viver o Reino Divino com seus irmãos.

Como é possível desejar que Deus cuide de nós, se, de nossa parte, não cuidamos dos demais filhos Dele, sobretudo dos mais necessitados, todos nossos irmãos?

Deus não está no Céu. Deus está em nosso irmão! Quando você socorre o seu irmão caído, você encontra Deus, que o levantará também.

Essa é a lembrança que meu coração traz a você neste dia.

7

Os Tesouros do Coração

Não ajuntem riquezas aqui na terra, onde as traças e a ferrugem destroem, e ainda os ladrões arrombam e roubam. Pelo contrário, ajuntem riquezas no céu, onde as traças e a ferrugem não podem destruí-las, e os ladrões não podem arrombá-las e roubá-las.[13]

---

13 Mateus 6, 19-20. Novo Testamento, Sociedade Bíblica do Brasil.

Meus queridos, nossa passagem pela Terra é tão rápida, perante a eternidade! É justo que não a desperdicemos com questões secundárias, questões que, diante da transitoriedade da vida, assumem uma importância bem menor do que costumeiramente atribuímos a elas.

Os verdadeiros tesouros da vida são os nossos relacionamentos; são eles que nos proporcionam as experiências mais ricas da nossa existência e os momentos verdadeiramente inesquecíveis, tão inesquecíveis que se tornam eternos.

Ah, como guardo em meu coração as pessoas que encontrei em minha passagem física pela Terra! Cada uma delas é uma joia rara, inesquecível. Por isso, eu continuo peregrinando pelo mundo, querendo novos encontros, conquistar novos amigos, cuidar dos que sofrem; por isso, tento acessar seu coração de mil modos, e este livro é um deles.

Na vida, procure dar prioridade àquilo que você poderá levar quando do seu retorno ao mundo espiritual. Decididamente, não vale a pena deixar este mundo com o coração vazio de amor, tendo se preocupado mais com os bens materiais do que com as pessoas.

Recorde-se de que, ao partir deste mundo, você deixará, compulsoriamente, o próprio corpo e todos os bens materiais. Perderá, também, todo o poder terreno e todas as glórias do mundo físico. É quase certo que, com o passar do tempo, você será esquecido pela maioria das pessoas com quem conviveu. Você só será eterno no coração daqueles que amou!

Essa é a razão pela qual afirmei a vocês que ajuntassem as riquezas que valem no Céu: o amor vivido, o bem praticado, as amizades cultivadas, a aceitação das pessoas, o perdão das ofensas, o respeito ao próximo, a afabilidade no trato com os outros...

Tudo isso, além de abrir as portas do Céu, já os fará felizes aqui na Terra mesmo...

8

MEUS
AMIGOS

Ninguém tem maior amor
do que aquele que dá a vida por
seus amigos. Vós sois meus amigos.[14]

---

14 João 15, 13-14. Bíblia de Jerusalém, Paulus.

Vocês são meus amigos.
Todos os dias dou a minha vida por vocês.

Não os esqueço um só instante.

Quando alguém pronunciar o meu nome com o coração, eu prontamente estarei ao seu lado com a minha bênção.

No momento em que você estiver aflito, em desespero, chame-me pelo nome. Eu sou a voz da esperança, capaz de acalmá-lo.

No dia em que a solidão se fizer mais pesada, clame pela minha presença. Eu sou a companhia das suas horas solitárias.

No momento em que você cometer um equívoco e sentir o remorso corroê-lo por dentro, invoque a minha amizade. Eu sou a voz do perdão, limpando o suor do seu rosto e erguendo-o da queda.

Contudo, eu lhe peço algo muito importante: da mesma forma que você conta com a minha amizade, e ela nunca lhe faltará, seja você também amigo dos seus amigos e dos que não têm ninguém com quem contar. Seja amigo dos tristes e dos desamparados, dos rejeitados e dos marginalizados. Seja amigo dos doentes e dos aflitos.

E, todas as vezes em que fizer o que eu peço, é a mim que encontrará, no rosto cansado dos que sofrem.

Cultive as amizades que você tem, faça novos amigos, encurte a distância entre você e os amigos que estão longe e desfaça inimizades, ainda que, para isso, você tenha que abrir mão das suas verdades.

Afinal, ao cabo da existência terrena, não contam muito nossos julgamentos, não conta muito ter tido razão, se, para isso, você teve que se afastar das pessoas, deixando de amá-las.

9

COMA DO MEU PÃO

Eu sou o pão da vida.
Quem vem a mim nunca
mais terá fome.[15]

---

15 João 6, 35. Novo Testamento, Sociedade Bíblica do Brasil.

Meu irmão, minha irmã.
Coma desse pão que eu abençoei para você.

Sei que está com fome de algo que vai além das necessidades do corpo. Sua ânsia mais profunda é de amor. A sua carência maior é de afeto.

Saiba que fui eu quem preparou esse pão, e, enquanto lidava com a massa, eu pensava amorosamente em você. Pensava nas suas necessidades, nas suas lutas, na fome da sua alma!

Eu lhe dou mais do que a comida para o corpo, a satisfação de bens terrenos. Eu trago alimento para a sua alma, carente de luz! Se você comer desse pão, nunca mais terá fome. O mundo não lhe dará o que eu posso dar.

O alimento que eu lhe dou é o meu amor. E o meu amor por você não tem limites, nem depende de algum comportamento seu para existir. Eu amo porque amo!

Enquanto escrevo estas palavras, centenas de almas comparecem para manifestar o amor que também têm por você. São almas com quem você cruzou nos caminhos da eternidade, e que jamais o esqueceram. O amor jamais o esquece. Pare um minuto a leitura para tentar sentir as vibrações amorosas que caem sobre você, alimentando seu espírito.

Você está alimentado pelo pão do amor. Mas esse pão precisa ser partilhado. Acredito que você se lembre de que, na última ceia com meus discípulos, eu parti o pão e dei um pedaço a cada um deles, querendo ensinar com esse gesto a necessidade que temos de partilhar os nossos dons.

O pão que se come sozinho sacia o corpo, porém o pão que é partilhado sacia a alma! Por isso:

Se você amar, nunca mais se sentirá vazio.

Se você for solidário, nunca mais será solitário.

Se você perdoar, nunca mais será condenado.

Se você promover a paz, nunca mais viverá em guerras.

Alimente-se das minhas palavras não apenas com o intelecto. Procure levar minha mensagem ao seu coração, pois é exatamente do meu coração que eu lhe escrevo estas palavras.

10

TOME A SUA CRUZ

Se alguém quiser vir comigo, renuncie-se a si mesmo, tome a sua cruz e siga-me.[16]

---

[16] Mateus 16, 24. Bíblia Sagrada, Editora Ave-Maria.

Se você deseja me seguir e sentir a minha amizade, terá de fazer uma única coisa: abrir mão do seu ego, isto é, terá que renunciar a viver pensando exclusivamente em si mesmo, sem se importar como as suas atitudes e as suas omissões podem afetar de forma negativa a vida de seus irmãos.

Esse modo de viver é que o faz sofrer, pois toda ação contrária ao amor cria uma vibração negativa, que atinge primeiramente quem a gerou. Você entende, então, o motivo pelo qual eu tenho falado tanto de "amar ao próximo como a nós mesmos"?

Você não conseguirá amar a si mesmo sem amar o seu irmão, porque, na essência, você está nele e ele está em você! Vocês não estão separados um do outro, isso é a maior ilusão em que os Homens podem acreditar. A centelha divina que habita o seu ser é a mesma centelha que está em seu irmão. Vocês estão unidos pelo amor do "Pai Nosso".

Ao aceitar o meu convite, eu já antecipo que não devo livrá-lo de suas lutas e de seus desafios. Eu também não fui poupado do sacrifício necessário para a realização da minha missão na Terra.

Assim como eu, você tem a sua missão no Planeta, que é a de crescer em espírito, deixando de viver exclusivamente sob o domínio do ego, para imergir na consciência una e amorosa.

Você só aprenderá verdadeiramente a amar na relação com os seus opostos; só aprenderá a perdoar quando for maltratado; só desenvolverá sua fé diante da montanha das dificuldades; só promoverá a paz quando quiserem guerrear com você.

Eu afirmei a vocês que não vim trazer paz ao mundo, mas sim a espada.[17] Eu quis dizer com essas palavras que vim ao mundo não para simplesmente tranquilizá-los dando água com açúcar e deixando tudo como está. Não! Eu vim transformar o mundo a partir da transformação do coração de homens e mu-

---
17 Mateus 10, 34.

lheres de boa vontade. Por isso, eu quero que você seja meu apóstolo na atualidade!

Saiba que essa luta valerá a pena, esteja certo disso! É o bom combate, que nos garantirá a vitória do amor sobre o sofrimento!

11

Minha Compaixão

Tenho compaixão da multidão...[18]

---
18 Marcos 8, 2. Bíblia de Jerusalém, Paulus.

Bom amigo.
Sei o quanto você sofre.

Meu coração se compadece da sua aflição.

Não me agrada ver alguém caído nas estradas da vida.

Não fico indiferente à dor dos meus irmãos.

Você se lembra da parábola do "bom samaritano", que eu outrora contei a vocês?[19] É a história de um homem ferido e caído na estrada, vítima de um assalto, pelo qual passaram dois religiosos que o ignoraram por completo, sendo ele depois socorrido por um samaritano, então considerado herege pelos judeus.

Pois bem. Estou aqui, passando em sua vida, e me compadece vê-lo caído, desanimado, desesperado, sem forças para se levantar. Como fez o bom samaritano com aquele homem caído, eu limpo as suas feridas da alma

---
19 Lucas 10, 25-37.

com azeite e vinho e, depois, eu o abraço e beijo sua fronte, carregando-o para a hospedaria do meu coração. Sinta que eu estou fazendo tudo isso a você, neste instante!

Eu conheço as suas dificuldades do momento e pesa em mim o seu sofrer.

Quero ajudá-lo a resolver a situação que o aflige, e, por isso, estou ao seu lado.

Neste exato momento, estou orando a Deus por você, pela sua saúde, pela sua família, pelo seu trabalho, por sua vida. Oro, implorando a Deus por uma solução para suas aflições.

Estou fazendo a minha parte, e espero que você possa fazer a sua.

Ponha esperança nos seus olhos, fé nas suas atitudes, oração nos seus lábios e bondade nos seus gestos.

Se você fizer o que eu lhe tenho ensinado, a paz e a harmonia voltarão à sua vida.

E tenha certeza de que eu não descansarei enquanto você não estiver melhor!

12

O Pouco com Deus é Muito

Quantos pães tendes?[20]

---
20 Marcos 6, 38. Bíblia de Jerusalém, Paulus.

Você provavelmente já deve ter ouvido o relato da minha multiplicação de pães e peixes. Eu havia estado com o povo sofrido durante três dias consecutivos, ensinando, curando, levantando o ânimo de aflitos e desesperados. Sigo fazendo isso até hoje, diariamente.

Após terminada a tarefa, percebi que a multidão não se levantava para ir embora, e foi aí que me dei conta de que aquelas pessoas estavam com fome, estavam fracas. Cortou-me o coração vê-las assim, e eu precisava fazer alguma coisa! Eu imaginei que não houvesse comida suficiente para alimentar tanta gente. Perguntei aos meus discípulos o que tínhamos para comer, e eles, constrangidos, responderam secamente: "cinco pães e dois peixes...".

Naquele instante, porém, meu coração se encheu de fé, porque eu já sabia que o pouco nas mãos de Deus é muito! E entreguei ao nosso Pai o pouco que tínhamos, para ser compartilhado com quem nada tinha.

Ah, o amor de Deus não tem tamanho! Todas as vezes em que alguém pede não apenas para si, mas também para partilhar com seu irmão, o amor é capaz de fazer coisas que surpreendem até os mais crédulos!

E foi assim que se multiplicaram cinco pães e dois peixes em comida suficiente para alimentar mais de quatro mil pessoas!

Eu gostaria que você observasse também que eu não consegui fazer isso "do nada". A multiplicação foi feita a partir de alguns poucos pães e peixes que meus discípulos guardavam para eles. Deus abençoou esse pouco, transformando-o em comida capaz de alimentar muitas pessoas.

Se você partilha suas possibilidades, ainda que mínimas, Deus faz multiplicar bênçãos, e nada há de lhe faltar.

Eu desejo agora abençoar a sua vida! Por isso lhe peço que me dê o seu coração compassivo; dê a mim gestos de amor ao próximo, um pouquinho da sua caridade, da sua perseverança, da sua fé, do seu bom ânimo, para que Deus possa multiplicar tudo isso em sua vida!

Meu amado discípulo Francisco de Assis já repetiu essa lição, ao lembrar que é preciso dar para poder receber. Tudo aquilo que você pede a Deus tem que, primeiramente, oferecer aos seus irmãos, ainda que só tenha alguns pães e peixinhos.

Lembre-se: o grande segredo da vida feliz é nunca estar de mãos vazias ou fechadas!

13

NASCER DE NOVO

Ninguém pode ver o Reino de Deus se não nascer de novo.[21]

---
[21] João 3, 3. Novo Testamento, Sociedade Bíblica do Brasil.

Meu querido amigo, eu bem sei que a vida muitas vezes apresenta situações difíceis, perdas, frustrações, injúrias, portas que se fecham, decepções, doenças... E, quando surgem essas ocorrências, muitos irmãos entram em estado de paralisia emocional.

Eu curei vários paralíticos, e alguns deles sofriam de uma paralisia que era mais da alma do que do corpo. Eram companheiros cronicamente estacionários em seus medos, culpas, complexos, mágoas e revoltas, porque a vida não lhes era perfeita como esperavam.

Foi por essa razão que eu trouxe o ensinamento de que é preciso "nascer de novo" para entrar no Reino do Céu. Meu amigo Nicodemos, a quem transmiti esse ensinamento, teve dificuldade para compreendê-lo. É que eu não me refiro apenas à necessidade de o espírito voltar à experiência terrena para dar sequência à sua evolução, lapidando as suas imperfeições. Mais do que isso, é preciso que, na própria reencarnação, o espírito se desfaça de todos os pontos mortos que o impedem de seguir adiante na construção da sua felicidade!

Todos os dias há algo do passado que tem que morrer, a fim de que cada dia seja um dia verdadeiramente novo, sem as sombras do "ontem".

É preciso, sim, agradecer as quedas e as glórias do passado. No entanto, há que se ter em mente que, hoje, elas são apenas memórias do tempo que já foi, e você não vive mais lá!

Hoje, portanto, é tempo de desencarnar do passado, ressurgir das cinzas, abandonar os rótulos negativos que meus irmãos colocam em si mesmos! É tempo de sair da prisão emocional em que vocês se colocaram; é tempo de recomeçar a vida, esquecer as mágoas, as culpas, as críticas e os julgamentos; é tempo de deixar o coração mais leve, um coração de criança, que não tem a angústia do passado nem a ânsia pelo futuro. Apenas hoje; só hoje!

Você não precisa me contar as pedras que atiraram em você, nem as que você arremessou. Eu não estou tão preocupado com o que aconteceu, mas desejo vivamente saber o que você fará, de agora em diante, com tudo o que lhe ocorreu.

Você está disposto a transformar espinhos em flores? É isso que vai curar a sua vida!

Levante-se e volte a caminhar, tomando cada dia como quem toma nos braços uma criança que precisa de cuidado!

Eu relembro a você: é preciso nascer de novo, não só de uma vida para a outra, mas nascer de novo, todos os dias!

14

MINHAS
OVELHAS

Eu sou o bom pastor; o bom pastor
dá a vida pelas ovelhas.[22]

---
[22] João 10, 11. Novo Testamento, Sociedade Bíblica do Brasil.

Eu conheço todas as ovelhas do meu rebanho, assim como conheço a você, que tem este livro em mãos, querendo me encontrar. Eu também estava esperando você vir. Como desejei esse reencontro!

Continuo pelo mundo, em busca de amigos, especialmente daqueles que estão cansados pelo sofrimento, os doentes do corpo e da alma, os desamparados pelo mundo, os que não têm ninguém com quem contar.

Eu sou a luz dos que estão na escuridão; eu sou o pão dos que estão famintos; eu sou a água para quem tem sede; eu sou o caminho para os perdidos. Eu sou a saída para quem está na encruzilhada!

Eu vou em busca das minhas ovelhas, por isso vim encontrá-lo. Não é porque estou numa dimensão espiritual que me encontro longe de vocês. Eu não conseguiria viver distante dos meus amigos, isolado em regiões paradisíacas, indiferente ao sofrimento de cada um.

Você quer a minha companhia? Está disposto a comer do meu pão e beber do meu cálice? Eu não desejo mudar tão somente as circunstâncias externas da sua vida; eu almejo transformar o seu mundo interior! Eu não pretendo curá-lo apenas por fora; eu quero curá-lo por dentro!

Eu não tenciono colocar remendo novo em pano velho; não vim trazer a mesma vida que você tinha antes dos problemas para os quais hoje você me pede solução. A verdadeira solução é você, é a transformação daquilo que, em você, gerou a dificuldade!

O mundo diz: "viva só para si", "não se importe com os outros", "revide as ofensas", "não leve desaforo para casa", "viva apenas para os tesouros da carne", "acumule riquezas", "use do poder em benefício próprio", "vale tudo para você ser feliz, ainda que à custa da infelicidade do outro", todos os dias.

Eu, porém, digo: ame ao próximo como a você mesmo, não faça a ele o que você não deseja que os outros lhe façam; perdoe, compreenda, promova a paz, seja manso e humilde; use os bens da Terra sem ser possuído por eles; e acumule os tesouros que você poderá levar quando deixar o corpo físico!

Eu dou a minha vida pelas ovelhas, porém as minhas ovelhas buscam os meus braços e aceitam a minha direção.

Venha a mim, há muito tempo eu o espero!

Deposite em mim o seu cansaço, e eu lhe darei alívio e estradas novas para você seguir.

E, mesmo que você decida não vir agora, eu sou paciente, e aguardarei o dia em que você, exausto pelo sofrimento, chamará por meu nome...

15

Retornar para a Casa do Pai

Ele estava ainda ao longe, quando seu pai viu-o, encheu-se de compaixão, correu e lançou-se-lhe ao pescoço, cobrindo-o de beijos.[23]

---

23 Lucas 15, 20. Bíblia de Jerusalém, Paulus.

Meus amados!
Estou profundamente unido a vocês, e nosso Pai enviou-me para lhes dar a boa notícia de que Ele os ama, de forma genuína e incondicional!

Estamos todos mergulhados no mar do amor de Deus!

Que isso não seja apenas um conceito teórico, mas uma experiência.

Não basta apenas pensar em Deus; é preciso senti-Lo, sentir que estamos envoltos em Seu amor!

O Pai é o nosso *Abba*,[24] nosso "Paizinho Querido"; devemos ter por Ele a mesma confiança que a criança deposita em seus pais, e o faz porque se sente amada e protegida por eles.

Mesmo quando você se percebe em erro, mesmo quando comete o maior dos enganos,

---

24 Expressão aramaica utilizada por Jesus para se referir a Deus. Era um termo carinhoso usado pelas crianças quando se dirigiam aos seus pais (nota do autor).

Seu *Abba* não o aguarda com castigos. Ele simplesmente espera que você se arrependa e volte para Casa, a fim de reconstruir a sua vida e se reconciliar com as pessoas que você, porventura, tenha machucado.

Renovemos, portanto, a nossa aliança com o Pai, não mais uma relação fundada no temor e no medo, no castigo e na culpa, mas uma aliança que tem no amor o seu elo, que nos acaricia e alimenta a nossa alma com leite e mel.

Doravante, não falemos mais em castigos para quem erra, e, sim, em oportunidade de reabilitação para quem se equivoca.

Afinal, quando você cai, Deus o levanta.

Quando você erra, Deus endireita seus caminhos.

Quando você chora, Deus enxuga suas lágrimas.

Quando você se afasta, Deus o traz de volta.

E, quando você se aproxima de Deus, Ele o abraça e o beija.

Agora mesmo, Ele está fazendo tudo isso com você!

Sinta...

16

A LÓGICA DO CÉU

Vocês ouviram o que foi dito: "Olho por olho, dente por dente". Mas eu lhes digo: não se vinguem dos que fazem mal a vocês.[25]

---
[25] Mateus 5, 18-19. Novo Testamento, Sociedade Bíblica do Brasil.

Vocês ouviram o que foi dito no passado: "olho por olho". Mas eu vim trazer o mandamento do "coração a coração"! Essa é a lei que rege os destinos dos que desejam a felicidade e a paz em suas vidas.

A lógica do mundo é retribuir o mal com o mal, e, assim, os Homens engendram o caminho da autodestruição.

Eu, porém, trouxe a vocês a lógica do Céu, que consiste em não revidar, em não promover a vingança, em não permitir que o ódio se alastre indefinidamente; enfim, em não retribuir o mal com o mal, e, sim, pagar o mal com o bem.

Acham loucura fazer isso? Ora, loucura é não perdoar, porque aquele que não perdoa não poderá ser perdoado! Loucura é não esquecer o mal que fizeram a você, porque, se assim for, o mal que um dia você praticou também se lembrará de você!

Todo ódio e toda vingança representam movimentos contrários à Lei do Amor, que está gravada em sua consciência, de modo que, uma vez cultivados, acabam por perturbar a sua harmonia psíquica, aproximando-o dos desequilíbrios da mente e do corpo.

Você compreende, então, que tudo o que você fizer ao seu irmão fará a si mesmo também?

Assim, aos que se encontram tomados pelo ódio, pela ira, pelo desejo de vingança, encareço que se aproximem de todos aqueles outros irmãos em crises de perturbação e loucura, consumidos que foram pelas labaredas da revolta e da fúria, da desforra e do desequilíbrio.

Sei que muitos pensam que é mais fácil devolver o mal do que fazer o esforço de permanecer em paz; contudo, devemos sempre nos lembrar de que é muito mais difícil suportar as consequências da vingança do que fruir os benefícios da paz, que somente o perdão é capaz de proporcionar.

17

Culpa ou Responsa-bilidade?

Meu filho, os seus pecados estão perdoados.[26]

---

26 Marcos 2, 5. Novo Testamento, Sociedade Bíblica do Brasil.

Eu me lembro bem daquele dia em que um paralítico foi trazido à minha presença para ser curado. Eu tive compaixão dele, pois sofria muito e por longo tempo.

A dor dos meus irmãos me dói por dentro, desde sempre.

Eu o olhei no fundo da alma e vi que a raiz da sua paralisia era um forte sentimento de culpa, pois havia um dia cometido grande injustiça, prejudicando seriamente uma pessoa.

A culpa lhe consumia as forças interiores e exigia punição. Por isso, inconscientemente, adoeceu. Até então, ele ainda não tinha sido capaz de entender que o amor é que perdoa muitos pecados,[27] não o castigo autoimposto.

Meus irmãos ainda se guiam pela ideia de "pecado, culpa e castigo", quando, na verdade, eu lhes apresentei a lei do "arrependimento, reparação e transformação".

Infelizmente, muitos ainda acreditam que só o sofrimento redime, o que não é verda-

---

27 1 Pedro 4, 8.

de, porque, embora sofrendo, há os que permanecem com os mesmos comportamentos equivocados, dos quais não abrem mão. Esses usam a culpa para compensar a permanência no estado de erro. É triste ver que muitos ainda preferem a culpa à responsabilidade pela própria transformação.

Contudo, no caso do irmão paralítico, eu percebi que algo havia se modificado em seu íntimo. Vi que ele já não era mais o homem que, por orgulho, havia injustiçado seu próximo. Ele havia reconhecido seu erro, percebido que a prepotência o levara a agir de maneira injusta com seu semelhante. As flores da humildade estavam começando a brotar em seu coração arrependido, disposto a renovar sua forma de viver e a reparar seu erro.

Por isso, ele demonstrava estar em condições de ser curado, bastando que, com todo o meu amor, eu dissesse a ele que seus pecados estavam perdoados. Assim fiz, e ele se levantou e seguiu sua vida, tornando-se uma nova criatura, para alegria de todos!

Eu quis contar essa história porque, de alguma forma, sinto que a cura do paralítico pode também curar algo dentro de você...

18

JOIA
PRECIOSA

Pois eu também não condeno você;
vá e não peque mais.[28]

---

[28] João 8, 11. Novo Testamento, Sociedade Bíblica do Brasil.

Meu Pai quer a morte do pecado, e não a do pecador.

O Pai é o Deus da Justiça, sim, mas de uma Justiça que anda de mãos dadas com a Misericórdia!

Fui enviado por Deus para buscar todas as ovelhas perdidas, salvá-las, e não para condená-las ao fogo do inferno. Eu vim para ensinar a todos o caminho do Céu!

Minha mensagem é de amor, não de medo. Quem sofre precisa de remédio, não do ácido da crítica!

Não devemos julgar as pessoas; devemos amá-las, porque quem julga não tem tempo para amar!

Quem julga se condena automaticamente.

Eu amei todos os caídos pelo erro; amei Zaqueu, amei Maria de Magdala, amei Judas; amei Pedro, que me negou; amei Tomé, que duvidou de mim; amei os que me crucificaram; amo os que, até hoje, me negam e me perseguem. E amo você que sente algum peso em sua consciência!

Eu não o julgo por seus erros. Meu amor não diminui quando você fica longe da minha mensagem. Ao contrário, nesses momentos, eu sinto que você está precisando de ajuda, e eu me aproximo de você um tanto mais!

Diante dos que o acusam, eu os faço pensar que eles também têm sombras, e, assim, não podem atirar pedras nos outros...

Diante de você, eu só peço, em nome da sua felicidade, que tome consciência do seu erro, aprenda com as pedras nas quais você tropeçou. E siga seu caminho, procurando não voltar a pecar.

Seja humilde o suficiente para reconhecer que você, na escola da vida, ainda está nos primeiros anos da alfabetização espiritual, e, por isso mesmo, a caligrafia das suas atitudes carece de muitas corrigendas. Estar consciente disso é o primeiro passo para o seu aprimoramento.

A pedra bruta somente se transforma em joia preciosa depois de lapidada...

19

Quero Estar Na Sua Casa

Que a paz esteja nesta casa.[29]

---

[29] Lucas 10, 5. Novo Testamento, Sociedade Bíblica do Brasil.

Meu bom amigo!

Vim buscar abrigo em sua casa!

Ontem, como hoje, eu não tenho onde repousar a cabeça.

Meu lar é o lar dos meus amigos, e hoje tive muita saudade de você e de sua família!

Algo me diz que estão precisando de mim...

Quero passar em cada cômodo de sua casa, para deixar a minha bênção.

Quero abraçar seus familiares, sentar-me à mesa com todos, ouvir cada um, para, depois, orarmos juntos, suplicando as bênçãos de nosso Pai para a paz em seu lar.

Eu estou certo de que a paz no mundo começa no reduto do lar.

Eu já disse que é impossível conseguir a harmonia entre as nações, se não aprendermos a viver em paz entre quatro paredes.[30] Por isso, muito me agrada quando a família se

---

[30] Jesus no Lar, pelo Espírito Neio Lúcio, psicografia de Francisco Cândido Xavier, FEB Editora.

reúne para orar e dialogar à luz do meu Evangelho. Quando a família ora, minha presença no lar é mais sentida.

Muitos lares, porém, não guardam um momento de comunhão comigo.

Às vezes, sinto-me tão só na casa de vocês... Ninguém para conversar, ninguém para me ouvir, ninguém para falar comigo... Mas eu não desisto!

Vim também abençoar a sua mesa, para que não falte o pão de cada dia, o pão que alimenta o corpo e sacia a alma.

Eu disse a vocês que eu sou o pão da vida, e que aquele que vem a mim nunca mais terá fome.[31] Há tantos lares com mesas fartas e almas anêmicas; isso poderia ser tão diferente...

Eu toco cada um de vocês com as minhas mãos amigas, para que a bênção da saúde os envolva.

Eu sou o médico de família, que visita todos os lares adoentados.

E saiba que eu ficarei em sua casa, permanecendo como que oculto em cada familiar,

---

31 João 6, 35.

especialmente naqueles com os quais você tem mais dificuldade de se relacionar.

Se você quer me amar, ame-os primeiramente.

Se você quer me seguir, sirva-os com todo o seu amor.

E, assim, faremos do seu lar um cantinho do Céu.

20

QUAL É O SEU TESOURO?

Pois, onde está o teu tesouro,
ali estará também o teu coração.[32]

---

[32] Mateus 6, 21. Novo Testamento, tradução de Haroldo Dutra Dias, edição do Conselho Espírita Internacional.

Que as aflições não o perturbem demasiadamente.

Pode lhe parecer estranho, mas a dor é uma bênção, capaz de propiciar muitas transformações positivas em sua vida, a depender da maneira como você a encara.

Se o barco da sua vida estiver sacudindo, é porque a Sabedoria Divina quer algo mais de você. Não quer castigos ou sacrifícios; apenas deseja que você reveja as rotas da sua vida, analise os objetivos que tem perseguido, os tesouros que tem acumulado, os valores aos quais tem dedicado a sua vida, a forma como se relaciona com as pessoas...

Qual é o tesouro que você tem cultivado em seu coração?

Será que você tem vivido apenas para as coisas que, um dia, terá de deixar na Terra?

O tesouro é o símbolo das coisas que você mais valoriza em sua vida.

Sei que você precisa de bens materiais para viver com dignidade, porém, se esse for o seu único tesouro, sinto muito em lhe dizer que você se tornará a pessoa mais pobre do mundo – pobre de amor, pobre de relações humanas afetuosas, pobre de espiritualidade...

Será que você não tem deixado sua alma vazia do único sentimento capaz de preenchê-la? Você sabe que eu estou falando do amor, não é? Eu sempre falo de amor, pois, sem ele, nada somos, nenhum ouro nos preenche, nenhuma glória do mundo nos faz verdadeiramente felizes, sempre ficará um buraco em nossa alma...

Eu quero lhe dizer que você veio ao mundo para viver o amor! É a sua missão mais importante, o seu tesouro mais precioso!

Um dia, você deixará este plano físico, e a pergunta inevitável que fará a si mesmo é se as pessoas à sua volta ficaram um pouco mais felizes com a sua presença – se elas se sentiram queridas, se perceberam que você se importou com elas, se você realmente teve compaixão, se teve caridade...

Se as suas respostas forem afirmativas, você terá sido uma das pessoas mais ricas que passaram pela Terra!

21

Servidores do Pai

Muito bem, servo bom e fiel; já que foste fiel no pouco, eu te confiarei muito.[33]

---
33 Mateus 25, 21. Bíblia Sagrada, Editora Ave-Maria.

O que ontem ensinei eu volto a repetir hoje, com mais ênfase ainda: não enterre os seus talentos![34] Não deixe que a inércia sepulte as capacidades que Deus lhe confiou!

Você tem riquezas interiores ainda inativas, por falta de autoconfiança. Você pede tantas coisas a mim, e digo que grande parte delas você mesmo realizaria, se usasse todos os seus potenciais.

Meus amigos têm esquecido (ou ainda não confiam no que eu disse outrora...): vocês são "deuses", são o sal da terra e a luz do mundo. A grande maioria está fazendo menos do que pode fazer, não por falta de capacidade, mas porque continua enterrando os seus talentos, seja por medo, seja por falta de confiança em si mesmos, seja por inércia...

Coloque seus dons, portanto, a serviço da vida. Desabroche, desenvolva-se, floresça, multiplique seus potenciais! A terra é boa, a

---

34 Mateus 25, 14-26.

semente é boa, e, assim, capaz de dar muitos frutos!

Repare que a árvore não dá frutos para si mesma.

O propósito da sua vida é colocar os seus frutos a serviço do todo.

Você provavelmente ficou sabendo que, certa feita, reunido com meus discípulos, eu lavei os pés de cada um deles.[35] Eu quis frisar, com aquele gesto simbólico, que todos precisamos lavar os pés uns dos outros, isto é, carecemos de servir uns aos outros, porque todos somos incompletos e necessitados. Ninguém se basta, ninguém é autossuficiente!

O dia em que meus amigos se compenetrarem dessa verdade sublime, a maior parte dos problemas na Terra estará solucionada. Eu procurei deixar meu exemplo, e continuo servindo. Agora mesmo, estou ajoelhado diante de você, lavando os seus pés e enxugando-os com a mesma toalha que usei com meus primeiros discípulos. E aguardo, sinceramente, que você seja um fiel servidor do nosso Pai.

---

35 João 13, 1-17.

Há tanta gente querendo apenas ser servida, e tão poucos servidores...

Mas eu espero, do fundo do meu coração, que seu nome logo esteja inscrito na lista dos servidores do Pai. A recompensa será a alegria que o mundo não pode lhe dar.

Compartilhar dons é melhor do que usá-los no exclusivo interesse de si mesmo.

Lembre-se de que você é parte de um todo, é galho da mesma árvore, é gota do mesmo oceano. Viver tentando excluir-se do todo é viver a caminho do sofrimento, é como o peixe querer viver fora d'água.

Ninguém está mais perto de Deus, e, portanto, da felicidade, do que aquele que serve ao seu irmão.

22

Alguém Precisa de Nós

Tudo aquilo, portanto, que quereis que os homens vos façam, fazei o vós a eles, pois essa é a Lei e os Profetas.[36]

---
36 Mateus 7, 12. Bíblia de Jerusalém, Paulus.

Hoje, eu vim à sua presença para renovar o convite que, outrora, fiz aos Homens.

Eu sei que você está precisando de ajuda e está aguardando algo de mim. Mas eu lhe proponho que você encontre essa ajuda sendo um canal de auxílio a quem também sofre tanto ou mais do que você.

Eu tenho outros amigos na Terra, e eles estão precisando do seu auxílio. É só olhar à sua volta para descobrir quem são esses irmãos. Eles me chamam, precisam de mim, e eu preciso de você para ajudá-los. Eu só posso ampará-los através das suas mãos generosas, das suas palavras de esperança, dos seus gestos caridosos, enfim, da sua solidariedade.

Eu anseio por usar os seus olhos, a sua boca, as suas mãos. Eu sou seu companheiro na dor, e desejo que você seja também meu companheiro no amor. Se você me ama verdadeiramente, precisa amar os seus irmãos, que, igualmente, são credores do meu mais profundo afeto. Saiba que eu sofro com o sofrimento deles, tanto quanto sofro com as suas lágrimas.

Aos que estão com fome, por exemplo, eu poderia materializar um pedaço de pão, mas eu gostaria que você mesmo oferecesse o alimento, pois, assim, eu ajudarei tanto o irmão faminto como a você também, que tem necessidade de amar.

Você pode ter fé em mim, no entanto, se não houver caridade em seus gestos, ainda não entrou no meu caminho. Eu tenho dito, pela voz de muitos mensageiros, que o egoísmo nos faz sofrer e que o amor nos liberta do sofrimento.

Compreende, então, que meu convite é o remédio que lhe trago para suas dores? Eu desejo ardentemente que você aceite a minha medicação. Muitos pedem a minha ajuda, porém não aceitam o remédio do meu Evangelho. Querem ser curados, mas não querem se curar do ego adoecido. Acreditam em mim, todavia não seguem o meu exemplo.

Você precisa de mim! E eu estou aqui! Eu também preciso de você, meu amigo! E alguém precisa de nós. Agora mesmo, alguém nos chama...

Vamos?

23

A Fraternidade

Bem-aventurados os mansos
e os pacíficos...[37]

---
[37] Mateus 5, 5 e 9. Bíblia Sagrada, Editora Ave-Maria.

A lição da fraternidade ainda não foi compreendida por meus irmãos na Terra. Muitos insistem na guerra, na culpa, na violência, na separação e no ódio. Será que não perceberam que eu morri de braços abertos na cruz?

Quanto sangue ainda será derramado? Quantas vidas ainda se perderão pelo desejo de supremacia, quando eu ensinei que o maior dentre todos é aquele que serve?[38]

Derramo lágrimas ao ainda ver nações guerreando entre si, membros de uma mesma família se digladiando, crianças morrendo de fome, religiosos instigando disputas e preconceitos em meu nome, e o planeta que Deus nos deu como morada sendo tão maltratado! Eu ainda choro por tudo isso...

Eu choro, sim, mas não estou sem esperança, porque sei que os planos amorosos do Pai se encaminham para levar a Terra à con-

---
38   Mateus 20, 26.

dição de mundo regenerado. E essa hora está se aproximando! Por isso, eu oro para que os meus irmãos despertem o quanto antes, a fim de que possam herdar este mundo com corações mansos e pacíficos.

Oro por aqueles que estão frios no amor, vivendo uma espécie de amor asséptico, inodoro e insosso. Que aqueçam o coração, que tenham compaixão, que se tornem irmãos uns dos outros, assim como eu sou de todos os companheiros da Terra. Que haja calor humano, tão em falta nos dias atuais...

Oro, com mais ardor, pelos irmãos tomados pelo orgulho que ignoram a Deus e Suas Leis, diante das quais não se curvam, e vivem como se fossem os "donos do mundo", submetendo os outros aos seus próprios interesses mesquinhos. Pessoas não são para serem usadas, pessoas precisam ser amadas!

Insisto na consideração de que todos somos filhos do Pai, portanto somos verdadeiramente irmãos. A genética espiritual de cada filho procede da mesma Fonte! Os laços que unem os filhos de Deus não são meramente figurativos, são reais! Por isso, o que cada um faz ao outro está, na verdade, fazendo também a si mesmo.

Com a mesma régua com que vocês medirem seu próximo também serão medidos.[39] Os que empunham a espada, pela espada serão feridos.[40]

Vocês se enganam ao acreditarem que estão separados uns dos outros! Tudo no Universo está absolutamente interligado, e essa verdade se aplica inteiramente aos meus irmãos, porque o objetivo do Pai é que todos vivam em unidade, vivam como membros da família de Deus. Esse é o Reino para o qual eu vim convidar todos vocês!

Que não sejam mais despertados pelo sofrimento, mas, sim, pelo entendimento da Divina Lei de Justiça, Amor e Caridade. Quando essa Lei estiver na consciência dos Homens, a paz reinará na Terra.

É para isso que eu vim, é para isso que o meu coração está falando ao seu.

---

39 Mateus 7, 2.
40 Mateus 26, 52.

24

NOVA CRIATURA

Hoje você estará comigo no paraíso.[41]

---
41 Lucas 23, 45. Novo Testamento, Sociedade Bíblica do Brasil.

Até hoje, muitos se surpreendem com as palavras que eu dirigi ao irmão que estava crucificado ao meu lado, o qual acabou sendo conhecido como "o bom ladrão".

O que muitos não compreendem é que, ao me referir ao "Paraíso", ou mesmo ao "Reino dos Céus", eu não estou falando de um lugar exterior, no qual se adentra depois da morte. Eu estou me referindo a um estado interior de bem-aventurança, que se pode acessar a qualquer momento, esteja o Homem onde estiver.

Eu disse ao irmão crucificado que ele estaria comigo no Paraíso porque, tendo ele reconhecido o seu erro e se mostrado arrependido, notei nele o propósito de renovação de vida. Ele havia saído do "inferno" da revolta, da negação e da culpa, e adentrado humildemente nas portas do Paraíso, consciente do seu erro e comprometido com a mudança de caminho.

Ele havia se reconciliado com a vida! Isso é entrar no Paraíso, ao passo que muitos preferem permanecer em suas guerras, em suas culpas, em seus julgamentos, em suas mágoas e revoltas. Assim, jamais encontrarão as portas do paraíso interior.

Muitos irmãos "amam" mais seus problemas, suas guerras, seus conflitos do que a própria vida satisfatória que poderiam ter, e, dessa forma, permanecem presos em seus labirintos de dor e sofrimento. Alimentam-se do ego ferido e adoecem a vida. Não abandonam culpas; não esquecem ofensas, mágoas, complexos, fracassos; não aceitam as perdas inevitáveis da existência; e vivem olhando para o passado.

Eu já disse a vocês que todo aquele que põe a mão no arado e olha para trás não está apto para o Reino de Deus.[42]

Só adentrará no Paraíso aquele que tiver feito as pazes com o seu passado, aquele que tiver renascido das próprias cinzas, aquele que houver decidido se tornar uma nova criatura! Lembrem-se de eu ter falado que faço novas todas as coisas?[43] Então, por que vocês

---
42 Lucas 9, 62.
43 Apocalipse 21, 5.

insistem em viver amarrados aos rótulos do passado?

Hoje, eu vim até você reafirmar o convite para que esteja comigo no Paraíso. Solte as pedras que tem na mão, tire os espinhos da culpa, retire o fel da sua boca e derreta o aço dos seus olhos!

Eu não tenho uma nova religião a lhe oferecer; eu tenho um novo caminho para você andar.

Você vem?

25

A Minha Amizade

Eu chamo vocês de amigos...[44]

---

[44] João 14, 15. Novo Testamento, Sociedade Bíblica do Brasil.

Muitos acabaram se distanciando de mim, porque as religiões me colocaram muito longe dos Homens, justo eu, que sempre estive tão próximo de todos!

Colocaram-me nas mãos pedras que eu nunca tive; botaram-me na boca palavras que eu jamais proferi.

Colocaram-me num pedestal em que eu nunca subi! Será que é mais cômodo me verem acima de vocês, porque assim vocês justificam que não podem me alcançar e fazer o que eu fiz? Eu não estou acima de vocês, eu estou ao lado; me vejam mais na horizontal do que na vertical.

Eu insisto: antes de serem meus seguidores, sejam meus amigos, como eu sou para vocês!

Não quero ter com vocês relações superficiais. A verdadeira amizade demanda uma boa dose de intimidade entre os amigos. Não quero que me vejam de vez em quando; adoraria que vocês me procurassem todos os dias!

Não quero formalidades entre nós. Converse comigo naturalmente; seja inteiro perante mim; fale-me das suas conquistas e das suas quedas; conte-me em que você é forte e em que você é fraco. Mostre-me a sua luz e a sua sombra. E não se esqueça de que eu não o julgo – apenas desejo que você se conheça e se ame, pois, a partir de então, você naturalmente passará a conduzir sua vida no caminho do autoaperfeiçoamento.

Eu não vim trazer mais uma religião para os meus irmãos. Eu vim trazer uma forma de viver segundo as Leis do nosso Pai, um sistema capaz de conduzir o Homem à felicidade individual e coletiva. Eu não tenho um paraíso para dar a cada um, porém mostro o caminho para se chegar até ele. E, se você se dispuser a caminhar por onde indico, eu estarei ao seu lado, principalmente quando você fraquejar.

Eu não exijo santidade imediata de ninguém, mas peço que aprendam comigo primeiramente a humildade, e, assim, as demais virtudes virão naturalmente. Eu não quero que meus amigos se atormentem em culpas, tampouco que fechem os olhos para os seus erros. Peço sinceridade interior e empenho de renovação!

Não divido meu rebanho entre "santos" e "pecadores", porque, em alguma medida, todos ainda guardam em si aspectos de luz e de sombra. Os santos já pecaram também, e os que hoje tropeçam em equívocos, amanhã, estarão de pé, renovados.

Eu não julgo; tenho compaixão e misericórdia, e não aprovo a conduta daqueles que, usando o meu nome, julgam e apedrejam seus irmãos. Isso me entristece demais...

Eu não desejo sacrifícios exteriores; prefiro o sacrifício íntimo do orgulho, do individualismo, da violência e do preconceito. Quero uma festa sem excluídos, na qual todos comam do mesmo pão e bebam do mesmo vinho.

Você aceita a minha amizade?

26

TOQUE-ME

Minha filha, você sarou porque teve fé...[45]

---
[45] Marcos 5, 34. Novo Testamento, Sociedade Bíblica do Brasil.

Eu não me esqueço do dia em que, dirigindo-me à casa de Jairo, para socorrer sua filha gravemente enferma, a multidão sofrida me comprimia nas ruas de Cafarnaum, implorando curas de todo tipo. Eu estava muito comovido ao me deparar com tantos sofredores desconsolados, com tantas ovelhas sem pastor, com tantas vidas sem rumo.

Sei que hoje a história não é muito diferente; por isso meu coração compassivo ainda sangra e me leva a continuar peregrinando pelas estradas do mundo, lenindo dores, enxugando lágrimas e convidando os Homens à vivência do amor e da fraternidade.

Não estou isolado em regiões distantes do sofrimento humano; continuo curando e convidando meus irmãos à vivência do Reino de Deus em seus corações.

Mas, voltando àquele dia, algo inesperado ocorreu. Sem que eu me desse conta, alguém me tocou de uma forma muito especial, pois senti que uma energia vigorosa havia se desprendido de mim. Perguntei a Pedro quem havia me tocado, mas ele não soube identificar, já que havia muita gente ao meu redor, o que, para mim, era, e sempre será, um motivo de alegria!

Eis, então, que uma mulher, rente ao chão, se apresenta como a pessoa que havia tocado as minhas vestes, dizendo que, naquele exato momento, havia sido curada de uma hemorragia uterina que a consumia havia doze anos!

Eu olhei fundo em seus olhos e vi quanto sofrimento ela havia experimentado naqueles longos anos: dores, abandono, exaustão... Imaginei o quanto havia sido difícil para aquela mulher me encontrar em meio a tanta gente – ela praticamente se arrastava, tamanho era o seu abatimento!

Muitos acreditam que jamais poderão estar na minha presença, que eu sou inacessível, mas quem tem fé, como aquela mulher teve, sempre me alcança, sempre me encontra.

Poucas vezes vi alguém com tanta fé como ela! Não foi por tocar na barra da minha túnica que ela se curou. Na verdade, ela me tocou na alma. Não chegou a dizer uma só palavra, mas seu silêncio disse tudo. Seu abandono procurou abrigo em mim.

Sua confiança inabalável no amparo divino sintonizou a força do meu amor. A ligação foi estabelecida, e tudo partiu dela. E, naturalmente, pelo princípio da atração, uma torrente de energias vigorosas saiu de mim, envolvendo-a da cabeça aos pés, cessando a hemorragia!

Eu continuo desejando que vocês me busquem, me entendam, me sigam, me toquem. Eu os amo tanto...

Hoje, estou passando por sua vida, pelas páginas deste livro.

Será que você deseja me tocar fervorosamente também?

27

Descruci-fiquem-me

Eles, porém, gritavam, dizendo:
Crucifica-o! Crucifica-o!
Evangelho de Jesus segundo Lucas.[46]

---
[46] Lucas, 23, 21. O Novo Testamento, tradução de Haroldo Dutra Dias, edição do Conselho Espírita Internacional.

Foi um momento doloroso para mim ouvir a multidão pedir a minha morte. Apesar das ponderações de Pilatos, que afirmara nada ter encontrado em mim que justificasse a crucificação, o povo, insuflado pelo poderio religioso de então, clamou pelo meu suplício.

Eu lamentei mais por eles do que por mim. Eu tinha que derramar o sangue do meu sacrifício, para mostrar aos Homens que havia dado a minha vida por todos e que venceria a morte, ao ressurgir aos olhos de centenas de pessoas. A morte na cruz deu mais vida à mensagem que vim trazer ao mundo!

O que mais me pesa, porém, é que, passados mais de dois mil anos, muitos ainda me crucificam, quando ignoram o meu Evangelho de Amor e Paz.

Crucificam-me todos os dias, ao deixarem milhares de crianças morrerem de fome pelo mundo.

Crucificam-me ao promoverem guerras entre as nações, guerras nos lares, guerras na política, guerras no trânsito e até guerras entre religiosos!

Crucificam-me quando não perdoam o próximo e quando deturpam minhas palavras, para julgar e condenar as pessoas, afastando-as do meu rebanho.

Colocam-me na cruz quando vivem só para si mesmos; quando se julgam uns melhores do que os outros; quando discriminam pessoas por questões de raça, de credo e de gênero; quando são preconceituosos e intolerantes!

O que mais me entristece, todavia, não é tanto o mal daqueles que ainda não me conhecem, mas a omissão daqueles que, já me conhecendo, vivem como se eu não existisse...

Sexta-Feira Santa tem sido todos os dias, há mais de dois mil anos.

Quando vocês vão me tirar da cruz?

28

Onde Me Encontrar?

Por que procurai entre os mortos
aquele que vive?
Evangelho de Jesus segundo Lucas.[47]

---

[47] Lucas 24, 5. O Novo Testamento, tradução de Haroldo Dutra Dias, edição do Conselho Espírita Internacional.

Eu já havia me desprendido do corpo quando minhas amigas Maria Madalena, Joana e Maria, mãe de Tiago, foram visitar o sepulcro. Eu pedi aos anjos que avisassem as minhas queridas de que eu já não mais me encontrava no local onde meu corpo havia sido colocado.

Eu me levantei do túmulo e fui correndo socorrer meu amigo Judas nas regiões espirituais de sofrimento! Ele estava perturbado, sequer conseguiu me ver, mas pôde sentir o meu abraço aliviando suas dores morais.

Entristece-me ver que, passado tanto tempo, as pessoas "malham" Judas, mesmo sabendo que eu não guardei qualquer ressentimento dele. Quando será que vão compreender a minha mensagem de amor e perdão?

Depois de visitar Judas, fui ao encontro de Maria Madalena, minha discípula amada, a quem fiz questão de aparecer em primeiro lugar no plano terreno, como tributo à sua admirável conversão interior e à sua coragem de testemunhar o meu Evangelho junto aos rejeitados do caminho.

Ela terminou os seus dias entre os hansenianos,[48] amando-os, cuidando de suas feridas, alimentando-os de esperança, vivendo a minha mensagem em gestos de amor e cuidado. Hoje, o mundo precisa de muitas "Madalenas", numa época em que o amor está tão frio...

Depois de estar com Madalena, fiz-me visível aos meus discípulos e seguidores, permaneci ao lado deles durante quarenta dias, infundindo-lhes ânimo e coragem, pois estavam em desalento, ante a minha crucificação. E, desde então, continuo peregrinando pelo mundo. Não me isolei em regiões celestiais, pois prometi a vocês que não os abandonaria![49]

Não me procurem, porém, nos túmulos vazios; nos Homens que falam de amor, mas não amam; nas árvores que não dão bons fru-

---

48 Na época de Jesus, e ainda durante muito tempo depois, os hansenianos eram chamados de leprosos (nota do autor).
49 João 14, 18.

tos; naqueles que falam a língua dos anjos, mas que não têm caridade. Se vocês quiserem, de fato, me encontrar, devem ir a seu irmão sofrido, doente, caído, faminto, sedento, rejeitado por todos. Eu, comumente, estou onde os Homens raramente me procuram...

Minha missão ainda não terminou. Por isso, hoje vim encontrá-lo, neste momento em que você está precisando da minha presença, para mostrar que a morte não existe; que todo sofrimento é passageiro; que é possível transformar a derrota em triunfo; e que eu continuo sendo seu amigo, em todas as horas e circunstâncias.

Se você fizer ao seu irmão o que estou fazendo agora a você, sua dor passará e, se não cair no desespero e na revolta, sua cruz será o degrau que o levará a dias gloriosos!

Eu venci a cruz, e você também vencerá! Estou ao seu lado para isso! Deixe o seu túmulo e venha para a vida!

29

Tome da Minha Água

Quem beber desta água terá sede de novo, mas a pessoa que beber da água que eu lhe der nunca mais terá sede.[50]

---
50 João 4, 13-14. Novo Testamento, Sociedade Bíblica do Brasil.

Guardo viva a lembrança do dia em que encontrei a mulher samaritana junto ao Poço de Jacó, em Sicar, na Samaria! Eu me dirigi a ela pedindo que me desse um pouco de água. Ela se surpreendeu com a minha abordagem, pois, naquele tempo, judeus e samaritanos não conversavam entre si e, muito menos, um judeu dirigia a sua palavra em público a uma mulher.

Comentei que, se ela soubesse que eu tinha a água da vida, da qual quem bebesse nunca mais teria sede, seria ela quem me pediria água.

A água do mundo, é verdade, sacia as necessidades do corpo, mas quem dela beber voltará a ter sede, tal qual ocorre a tudo o que se refere ao mundo material.

A alma, por sua vez, também tem sede! Sede de amor, de afeto, de contato humano, de pertencimento, sede de viver seu propósito no mundo!

Quando a alma está desnutrida daquilo que lhe dá vida, ela se assemelha a uma flor que perdeu seu viço, seu perfume, sua cor. E, quando isso ocorre, muitos irmãos buscam saciar a fome da alma com as coisas do mundo. No entanto, como nada de fora satisfaz as necessidades de dentro, surgem os vícios e as compulsões de modo geral. Afinal, amiúde, estes se estabelecem justamente quando a alma tenta preencher seus buracos internos com as sensações físicas, colhidas na vida material.

Todo excesso esconde uma falta!

A fome da alma não é saciada por comida, bebida, sexo, drogas, poder e riquezas materiais. A alma se alimenta de amor, a começar do amor que vem de Deus por todos os seus filhos, seguido do amor que cada um deve a si mesmo, fazendo por si o que espera dos outros, e, por fim, do amor ao próximo, porque este, em algum ponto, é uma extensão daquele que o ama.

O amor é a minha água viva que ofereço diariamente a vocês. Contudo, muitos queridos meus preferem morrer de sede, mesmo em frente ao mar do meu amor.

Ora, não negue as necessidades do corpo, mas não deixe a sua alma desnutrida! Autoamor, autocuidado, amizade, bondade, caridade, humildade, fraternidade e vivência do seu propósito de vida são alimentos essenciais para o seu espírito.

Hoje, eu vim ao seu encontro, parei no poço da sua vida, estava à sua espera! Sei que você está precisando da água viva que ofereci à samaritana! Eu a tenho e dou dela a você: beba dessa água e sinta o meu amor! Viva no amor, doe amor, a começar por você; faça tudo com amor, ofereça ao mundo o amor que você já tem no coração!

Você sabe que eu vim para que todos tenham vida em abundância.[51]

Então, você aceita beber da minha água?

---

51 João 10,10.

30

Chegou a Sua Hora

Nisso todos conhecerão que sois meus
discípulos, se tiverdes amor
uns aos outros.[52]

---
[52] João 13, 35. Novo Testamento, tradução de Haroldo Dutra Dias, edição do Conselho Espírita Internacional.

O amor é o sinal que identifica aqueles que verdadeiramente entenderam a minha mensagem.

Pode alguém falar em meu nome, mas, se não tiver amor nas palavras, não é meu discípulo. Pode alguém até fazer caridade, mas, se não tiver amor em seu gesto, não está unido a mim.

Se, para divulgar o meu Evangelho, alguém for intolerante com seu próximo, ainda não terá compreendido os meus ensinamentos.

Se alguém diz me seguir e não for misericordioso com seu irmão que sofre, pode até ter o Evangelho na cabeça, mas ainda não o tem em seu coração.

Se você ama apenas as pessoas da sua igreja, da sua família, do seu círculo social, ainda não assimilou o amor universal que vem do nosso Criador.

Não ame apenas os que são iguais a você; aprenda a amar os que pensam e sentem diferentemente de você, incluindo os seus antagonistas, pois todos eles também são seus irmãos, filhos do mesmo Pai.

Eu pedi que você amasse os seus adversários, não que os perseguisse. Afinal, o que você faz de especial, se apenas ama os que o amam?

Não alimente o seu ego ferido, pois, desse modo, você sofrerá e fará sofrerem os outros também.

Retribua o mal com o bem; guarde a sua espada, pois todo aquele que ferir pela espada, pela espada também será ferido.[53]

O bem que você faz é a sua segurança.

O mal que você pratica deixa-o vulnerável ao próprio mal.

Se o meu Evangelho não faz de você uma pessoa mais amorosa, se as pessoas, ao se aproximarem de você, não sentem o perfume da afabilidade e da doçura, isso indica que a semente que eu plantei no seu coração ainda não germinou.

O mundo está de ponta-cabeça porque o amor é mais uma palavra do que uma vivência. Daí porque os Homens ainda se matam, se ferem, se dividem, são frios uns com os outros.

Antes de tudo, eu vim humanizar a vida, vim para colocar o mundo no seu devido lu-

---

53 Mateus 26, 52.

gar, que é o Jardim de Deus, onde os Homens vivem em paz, respeitando-se mutuamente, sentando-se à mesma mesa, comendo do mesmo pão, bebendo do mesmo vinho.

A minha revolução é o amor!

A amizade entre os Homens é o campo em que venho semeando incansavelmente! E você é o mensageiro do meu amor!

Desde os Homens mais santos até os mais rudes, todos precisam de amor! Eu também preciso, não pensem que eu sou uma estátua sem vida. Todos, porém, estão esperando ser amados. E aí reside o grave problema da Humanidade!

Para isso eu vim ao mundo: para, em nome do Amor Eterno, convidar os Homens a se tornarem sujeitos ativos do amor.

Vocês não são mais "criancinhas de berço", que dependem totalmente dos cuidados dos pais para sobreviverem. Vocês precisam crescer! Sair da infância espiritual e alcançar a maturidade! E só é maduro aquele que é capaz de sair de si e ir ao encontro do seu irmão. Minha vida na Terra foi dedicada a isso. Agora, é a sua vez!

31

Venha para Fora

Lázaro, venha para fora![54]

---

[54] João 11, 43. Novo Testamento, Sociedade Bíblica do Brasil.

Sinto que a ressurreição de meu amigo Lázaro precisa ser compreendida em sentido mais amplo.

Eu não vim ao mundo para ressuscitar corpos, que, pelas leis da natureza, são perecíveis e transitórios.

Não se esqueçam de que, tempos depois de eu ter ressuscitado Lázaro, ele veio a falecer, assim como ocorreu posteriormente com todas as pessoas que eu curei.

Meu apreço pelos doentes não mudou, e faço tudo aquilo que depende de mim para lhes restaurar a saúde. A cura, porém, não está apenas em minhas mãos, pois de que adianta restaurar o corpo, se a mente prossegue enferma; se o coração não larga a tristeza; se a apatia é maior do que o desejo de viver; se a descrença é maior do que a fé; se o egoísmo tem sufocado o amor?

Para muitos ainda, a doença é o próprio remédio capaz de conduzi-los à cura. Basta estar disposto a escutar a voz da enfermidade, saber o que ela tem a dizer sobre nós mesmos, que conselhos tem a nos dar, que necessidades estão sendo negligenciadas, quais os excessos e as carências que precisam de equilíbrio.

O que está faltando em sua vida que a enfermidade veio compensar?

O remédio alivia o externo, e muitas vezes você ainda precisará dele, mas a cura real vem de dentro para fora. O médico é seu grande aliado no restabelecimento da saúde, porém é preciso que você queira sinceramente se curar, queira viver para cumprir a missão que o trouxe ao mundo. Não deixe que a doença roube a sua vida antes de você partir!

Eu vim para ressuscitar as almas cansadas, as almas aflitas, apáticas, almas que se colocaram no túmulo do medo, que exigem um mundo perfeito para viverem sem esforço e sem lutas, que desejam ser servidas sem nada oferecerem de si mesmas à felicidade do próximo. Esses são os "Lázaros" dos quais eu continuo à procura, a fim de trazê-los de volta ao palco da vida!

Hoje, eu venho à sua presença, chamo por seu nome. Escute minha voz amiga!

Venha para fora, há muita vida para você viver!

32

Nas Tempestades

Não tenham medo, sou eu.[55]

---
55 João 6, 20. Novo Testamento, Sociedade Bíblica do Brasil.

Naquela noite de grandes tempestades, eu senti que meus amigos estavam em perigo enquanto atravessavam o mar da Galileia. O vento forte que soprava levantou grandes ondas, deixando o mar muito agitado. O pensamento deles veio até mim pedindo ajuda, e eu precisava socorrê-los!

Eu não gosto de ver meus irmãos em perigo. Por isso, de alguma forma, sempre estou com vocês. Dentro daquilo que as Leis Divinas me permitem, eu intervenho para evitar o mal no caminho de vocês, embora, muitas vezes, vocês mesmos optem por trilhar estradas sabidamente perigosas, e eu não possa interferir no livre-arbítrio de cada um...

Meu pensamento está em toda parte, e tenho diletos amigos socorristas em todos os lugares. Ninguém está longe de mim. Faço o possível para desviar meus irmãos das situações que lhes possam trazer algum sofrimento.

Mando intuições ao pensamento de vocês, recados através de seus anjos de guarda e de pessoas próximas. Não raro, utilizo-me até de pessoas que lhes são estranhas, para entregar a vocês alguma mensagem de alerta, isso quando não afasto diretamente os perigos nos quais vocês ingenuamente cairiam. E, ainda assim, poucos se dão conta dos livramentos com que foram beneficiados...

Eu sou o amigo certo das horas incertas, lembrem-se sempre disso. Um dia vocês perceberão que, nos momentos em que achavam que estavam abandonados, eu estava junto a vocês, carregando-os no colo.

Entretanto, mesmo com todo o meu cuidado, constato que, em certas circunstâncias, permitir que o problema aconteça, em vez de impedir, é o melhor a fazer. Afinal, as dores da vida podem ensinar mais do que todos os conselhos dados e não ouvidos...

Muitas vezes, o sofrimento ainda é a única forma capaz de despertar a consciência dos meus irmãos. Tenho trabalhado desde sempre para que isso mude; não me agrada que meus amigos precisem sofrer para aprender a viver segundo as Leis de Nosso Pai.

Todavia, como regra, meus irmãos têm escolhido a porta larga, aquela porta fácil, que leva ao caminho do sofrimento,[56] porque preferem viver apenas para si mesmos e para o deleite das sensações do mundo físico. Ainda são raros os que entram pela porta estreita, aquela que conduz à estrada do amor e da felicidade.

Quantos ainda procuram a minha ajuda, mas não querem o meu caminho; desejam a minha cura, porém recusam o meu remédio!

Mesmo assim, eu não largo a mão de ninguém, principalmente quando o barco de meu amigo estiver sendo sacudido pelas tempestades da vida. Sempre apareço nessas horas, e falo ao seu ouvido, como estou falando agora:

Calma, sou eu!

Você me escuta e crê?

---

56 Mateus 7, 13.

33

Perdão e Autoperdão

Então Pedro, chegando a ele, perguntou-lhe: "Senhor, quantas vezes devo perdoar ao irmão que pecou contra mim? Até sete vezes?" Jesus respondeu-lhe: "Não te digo até sete, mas até setenta e sete vezes".[57]

---

57 Mateus 18, 21-22. Bíblia de Jerusalém, Paulus.

Ah, como eu gostaria que meus irmãos praticassem o perdão em suas vidas! Haveria menos violência, menos conflitos, menos doenças e, portanto, mais paz, mais entendimento, mais saúde entre os Homens!

Muitos ainda são adeptos da lei do "olho por olho", quando eu ensinei a Lei do Amor e do Perdão, duas virtudes inseparáveis. Quem ama, perdoa; quem perdoa, ama.

Há quem venha a mim suplicar auxílio para as suas dificuldades, mas carrega no coração o veneno do ressentimento e tem a mente tomada pelo ódio e pelo desejo de vingança. A esses eu reafirmo o que já disse anteriormente: sejam misericordiosos, assim como Deus é misericordioso com vocês![58]

Quem tem um mínimo de conhecimento de si mesmo, de suas fragilidades e imperfeições e, dessa maneira, dos erros já cometidos, tende a um estado de humildade capaz de fa-

---
58 Lucas 6, 36.

vorecer o perdão ao próximo. O autoconhecimento faz reduzir o tamanho do ego, deixa que cada um se torne, portanto, mais humano, mais compreensivo, e abra as portas para perdoar seu irmão, assim como precisa também ser perdoado.

Você deve se recordar da pergunta que formulei no Sermão da Montanha: "Por que vês o cisco no olho do teu irmão, e não percebes a viga no teu olho?"[59] A viga é o ego, o ego que enxerga fácil os defeitos do outro, mas que não enxerga as próprias imperfeições. O ego sempre exalta a si mesmo e diminui os outros. A humildade nivela todos, colocando-os no mesmo barco dos seres humanos falíveis.

Por vezes, o ego está tão hipertrofiado que não admite que alguém chegue a perdoar a si próprio! O ego exaltado não aceita a falibilidade humana. Cuidado com isso, meu amigo!

Eu sei que você pode estar com o coração ferido por algum mal que lhe causaram, porém esse sentimento contínuo é um veneno que o corrói interiormente, e a vingança ape-

---

59 Mateus 7, 3. O Novo Testamento, tradução de Haroldo Dutra Dias, edição do Conselho Espírita Internacional.

nas piorará seu mal-estar. O revide poderá satisfazer seu ego por alguns poucos minutos, mas nunca trará paz duradoura ao seu coração.

O perdão não apaga o que aconteceu, mas é capaz de retirá-lo do passado doloroso e devolvê-lo novamente à vida rica de possibilidades interessantes, que você perde enquanto alimenta mágoas e rancores. O perdão não significa concordância com o mal que lhe fizeram; apenas faz com que você não passe o restante da existência abraçado a um espinheiro. Se você perdoar, muitas bênçãos ocorrerão em sua vida. É o que eu mais desejo a você!

Você quer que eu lhe dê cura? Pois bem, eu lhe dou o remédio do perdão!

34

Despir Sua Alma

Ó Deus, tem piedade de mim, que sou pecador![60]

---
[60] Lucas 18, 13. Bíblia Sagrada, Editora Ave-Maria.

Eu contei a vocês a história de dois homens que foram à igreja para rezar. Um deles era muito religioso, orava em voz alta para todos ouvirem, batia no peito e proclamava suas virtudes, dizia que não era avarento, desonesto nem imoral como outras pessoas. Além disso, orava, dando "graças a Deus", porque jejuava e pagava o dízimo regularmente.

O outro homem, que havia escolhido ficar no fundo da igreja, sequer dirigia seu olhar para o Alto, porque, conhecendo suas próprias imperfeições, orava simplesmente, dizendo: "Ó Senhor, tem piedade de mim, que sou pecador".

Eu arrematei a história afirmando, para espanto de muitos, que, ao deixarem o templo, apenas o pecador voltou para casa em paz, pois os que se engrandecem serão rebaixados, ao passo que os que se humildam serão engrandecidos.[61]

---
61 Mateus 23. 12.

Na história contada, o pecador apresentou-se perante Deus sem máscaras, sem disfarces, sendo absolutamente sincero a respeito de sua condição espiritual, ainda imperfeita. Já o religioso, movido pela vaidade, vangloriava-se de seus "predicados morais", criticando os "pecadores" para exaltar a si mesmo. Ele via o cisco nos olhos de seus irmãos, porém não enxergava a trave que havia nos seus...

A Lei Divina é de progresso, de evolução que se faz passo a passo. Deus não exige pronta santidade de seus filhos. O que ele pede é sinceridade a respeito da condição espiritual de cada um; pede autoconhecimento acerca da luz e da sombra individuais, porque só o conhecimento da nossa verdade interior pode nos libertar dos comportamentos que têm gerado sofrimento em nossa vida.

O religioso saiu do templo longe dessa verdade e, no íntimo, não estava com a consciência tão tranquila quanto fazia crer aos outros. Já o pecador deixou o templo em paz, sua humildade o aproximou do caminho da transformação interior. O primeiro estava doente e não sabia; o segundo tinha noção da sua enfermidade e, portanto, estava em condições de buscar sua cura. A sombra que você nega em si o dirige; a que você admite o transforma!

Eu retomei essa história para que você, da próxima vez em que for orar ou pensar na sua vida espiritual, não tenha vergonha de despir sua alma perante Deus, o Amor Eterno.

A partir daí, terá início a sua transformação!

35

Corra para Mim

Eu afirmo a vocês, então, que o grande amor que ela mostrou provou que os seus muitos pecados já foram perdoados. Mas onde pouco é perdoado, pouco amor é mostrado.[62]

---

[62] Lucas 7, 47. Novo Testamento, Sociedade Bíblica do Brasil.

Esse foi um dia inesquecível para mim! Eu estava na casa de Simão, pertencente ao grupo dos fariseus,[63] os quais não me viam com bons olhos. Eu havia sido convidado para um jantar, mas não me sentia acolhido no ambiente. Ao chegar no local, meu anfitrião sequer me recebeu, tampouco ordenou que me trouxessem água para lavar as mãos e os pés, como era costume na época.

Eu estava totalmente deslocado na reunião, sentia-me hostilizado e vigiado; estava certo de que desejavam me pegar em alguma contradição em relação às escrituras, que eles seguiam ao pé da letra...

Em meio à recepção nada calorosa, uma conhecida mulher, tida como pecadora, irrompeu de forma inesperada na sala de jantar e, correndo, ajoelhou-se diante de mim, para espanto dos presentes! Visivelmente emocionada, ela começou a derramar suas lágrimas

---

63 Grupo de religiosos judaicos, rigorosos observadores das escrituras (nota do autor).

sobre os meus pés, lavando-os afetuosamente, e passou depois a enxugá-los delicadamente com seus cabelos.

Eu me enterneci com tamanho carinho e afeto, especialmente porque vindos de uma mulher que estava perdida e havia se encontrado; que se condenava por seus erros e que havia experimentado o perdão de Deus; que buscava satisfazer as paixões nas águas salinas do mar e que acabou encontrando o amor nas águas cristalinas dos sentimentos nobres. Até então, eu jamais tinha presenciado tamanha transformação em alguém que tivesse se aproximado de mim!

Voltando àquela noite, os fariseus esperavam que eu prontamente rejeitasse a aproximação daquela mulher "impura", pois, na visão deles, se fosse eu um "profeta verdadeiro", jamais permitiria ser tocado por ela. Ah, mas como eu poderia recusar o toque fraterno de uma irmã que havia sofrido tanto na vida, que tantas vezes tinha sido procurada à noite em seu leito pelos mesmos homens que, à luz do dia, a repudiavam?

Ora, eu não poderia agir com falso moralismo, principalmente porque aquela mulher transformara a sua vida à luz da mensagem de amor que vim trazer ao mundo. Eu não vim trazer castigos, condenações e culpas; eu vim chamar os caídos a se levantarem, os doentes a se curarem; vim abrir as portas do Reino de Deus aos arrependidos e aos que desejam viver centrados no amor, na fraternidade e no perdão!

A querida irmã que me lavou os pés não era religiosa, mas havia aceitado meu convite de renovação da sua vida pelo amor. Já os meus irmãos fariseus tinham a religião apenas nos lábios, utilizando-a para condenar os outros, esquecidos, porém, dos próprios tropeços e de suas fragilidades. A primeira foi perdoada porque amou; os segundos não receberam o perdão porque estavam presos aos seus egos.

Eu vim para os que se sentem afastados de Deus, para aqueles que desejam vida nova e ainda não encontraram uma porta por onde entrar e pela qual possam ser recebidos de braços abertos.

Eu vim para os perdidos, porque eu sou o caminho!

Eu vim para os desiludidos, porque eu sou a verdade!

Eu vim para os que se sentem mortos, porque eu sou a vida!

Eu estou aqui, esperando você correr para mim...

36

Quem Sou Eu Para Você?

Quem o povo diz que eu sou?[64]

---
64 Marcos 8, 27. Bíblia Sagrada, Paulinas Editora.

Certa feita, fiz essa pergunta aos meus discípulos e confesso que, passados mais de dois mil anos da minha presença física na Terra, ainda formulo a mesma indagação. Hoje, porém, pergunto de forma mais direta: quem sou eu para você?

Eu sei perfeitamente quem você é para mim e o que representa na minha vida. Reafirmo que você é um irmão amado, querido do meu coração, você está em meu pensamento todos os dias!

Mas será que você tem a mim em seus pensamentos também? Será que tem refletido sobre a minha mensagem? Eu não gostaria de ser lembrado apenas quando você está em apuros. Mesmo assim, eu não deixo de estar ao seu lado em seus momentos de prova, sempre aguardando que, após suas crises passarem, você não me esqueça ou apenas me procure na próxima dificuldade.

Lembre-se de mim também quando tudo estiver correndo bem em sua vida, pois é nesses momentos que os Homens, esquecendo-se da vida espiritual, cometem os maiores enganos, que lhes custarão mais tarde muitas lágrimas.

O materialismo continua sendo o mais grave problema para a felicidade dos meus irmãos na jornada terrena. Ele tem feito mais vítimas do que todas as guerras já existentes no Planeta, pois está na raiz de quase todos os males que aturdem meus irmãos. Foi por essa razão que pedi a vocês que ajuntassem os tesouros no céu,[65] riquezas eternas e que fazem a vida valer a pena, desde já.

Eu não quero ser um "quebra-galho" para você. Eu sou um mestre que tem caminhos a lhe ensinar a percorrer em busca da sua felicidade. Eu não o salvarei; você mesmo se salvará, se andar pelas estradas que eu lhe apresento.

Você não irá sozinho, pois eu sempre estarei com você. Sou seu amigo, lembra-se? Mas é você quem precisa andar pelo meu caminho. Não basta crer em mim, ainda que isso possa até ser um bom começo. Você terá que comer

---

65 Mateus 6, 20.

do meu pão, beber do meu vinho, carregar a sua própria cruz. Você tem fugido dela, não? Saiba, contudo, que o obstáculo pode ser uma bênção, desde que você aceite a dificuldade como oportunidade de aprendizado e transformação!

Não acredite, porém, que me seguir seja um peso, um martírio. Eu já disse a vocês que meu caminho é suave e meu fardo é leve.[66] Pesado é viver sem amor, viver rancoroso, viver só para si, viver apenas para as coisas que um dia ficarão somente no plano físico. A vida é muito mais do que isso! Aliás, as melhores coisas da vida não são coisas...

Mas, agora, me conte, eu gostaria muito de saber: quem sou eu para você?

---

66 Mateus 11, 30.

37

Atravessar a Rua

Eu afirmo a vocês que isto é verdade: quando vocês fizerem isso ao mais humilde dos meus irmãos, foi a mim que fizeram.[67]

---
[67] Mateus 25, 40. Novo Testamento, Sociedade Bíblica do Brasil.

Eu estou no mundo; poucos, contudo, me veem.

Muitos me procuram; nem todos, porém, me acham.

A maioria me procura olhando para o céu, mas ainda não é capaz de olhar para os lados...

Inúmeros desejam a minha companhia, no entanto vivem distantes dos seus irmãos na Terra.

Outros gostariam de me honrar com fartos banquetes, mas ainda não dividem o pão nosso de cada dia com quem nada tem à mesa de refeição.

Milhares suplicam a minha intercessão para seus problemas de saúde, todavia ignoram os gemidos dos que sofrem solitários num catre de dor, sem remédio, sem esperança.

Quase todos oram pedindo a minha presença, entretanto se ausentam da vida dos que sofrem ao lado deles.

A maioria quer encontrar um Cristo só para si, geralmente no conforto da própria casa, na comodidade de templos luxuosos, esquecendo-se, todavia, de que eu estou no meio dos que sofrem desprotegidos em vielas e becos.

Você verá meu rosto nas crianças raquíticas, nos idosos esquálidos, nas mulheres violentadas, nos jovens devorados pelos vícios.

Para você me achar e obter a minha graça, precisa atravessar a rua, precisa se reconciliar com seu irmão, precisa partilhar o pão da sua mesa, amar os não amados, enxugar as lágrimas de quem sofre, importar-se com as pessoas, principalmente com os frágeis e pequeninos.

Se você atravessar a rua da indiferença, irá me encontrar do outro lado da calçada, onde quase ninguém me procura. Eu ali estarei, de braços abertos para você!

38

Seja Purificado

Depois que desceu do monte, muitas turbas o seguiram. Eis que um leproso, aproximando-se, o reverenciava dizendo: Senhor, se quiseres, podes purificar-me. Estendendo a mão, tocou-lhe, dizendo: Eu quero, seja purificado! E, imediatamente, sua lepra foi purificada.[68]

---

[68] Mateus 8, 1-3. O Novo Testamento, tradução de Haroldo Dutra Dias, edição do Conselho Espírita Internacional.

Esse foi um momento divino que eu testemunhei. Depois de ter anunciado o Sermão da Montanha, o discurso mais importante da minha missão junto à Humanidade,[69] eu descia o monte quando fui abordado por um doente que acabara de ouvir a minha mensagem.

Ele não estava aflito por conta da doença que devorava seu corpo físico; ele era cônscio de que a enfermidade tinha um propósito superior em sua vida.

Não vi revolta em seu olhar, pois notei que ele aceitava a dor como processo de lapidação da sua alma ainda enferma.

Raros são os que enxergam na doença do corpo um tratamento de beleza do espírito! Querem a cura do corpo, sem higienizar a alma!

A maioria deseja a saúde do corpo passageiro, esquecendo-se da saúde do espírito

---

69 Mateus 5, 6 e 7.

imortal. E, por ignorarem a saúde da alma, acabam adoecendo o organismo físico.

A cura é um processo de purificação do espírito. Purificar é retirar as impurezas advindas de todos os sentimentos contrários ao amor e à humildade. O egoísmo e o orgulho são monstros que devoram a energia vital dos meus irmãos, abrindo portas a inúmeras moléstias.

Por isso, eu sou o Médico de Almas, pois a vivência do meu Evangelho pode decantar as impurezas acumuladas em seus corações nas diversas experiências vividas no mundo físico.

Muitas doenças acabam nascendo da impiedade, do abuso de poder, da crueldade e do egoísmo com que os Homens trataram seus irmãos em existências pretéritas e que continuam a se repetir.

Eu não disse a vocês que era preciso nascer de novo para entrar no Reino dos Céus?[70] O espírito reencarna-se para lapidar suas tendências inferiores, para promover o seu aperfeiçoamento.

---

70 João 3, 3.

No entanto, por conta de corações que permanecem endurecidos, a enfermidade ainda se mostra necessária para o expurgo das impurezas do espírito para o corpo, a fim de despertar meus irmãos para a necessidade de elevação da consciência para o amor e a humildade.

Eu enxerguei no irmão leproso traços marcantes dessa transformação íntima e, por isso, potencializei a cura que já estava ocorrendo em seu mundo interior.

O meu coração deseja ardentemente purificá-lo. Será que você também deseja se purificar dos detritos que tiram a formosura de sua alma e adoecem seu corpo?

Eu estou aqui para ajudá-lo!

39

A TERRA PROMETIDA

Bem-aventurados os mansos, porque eles herdarão a terra.[71]

---
71 Mateus 5, 5. O Novo Testamento, tradução de Haroldo Dutra Dias, edição do Conselho Espírita Internacional.

Na oportunidade em que apresentei o Sermão da Montanha, o Código do Reino de Deus, eu fiz a vocês uma revelação muito importante. Eu afirmei que, no futuro, os mansos haveriam de herdar o planeta Terra. E esse futuro está próximo. Minha promessa está em execução!

A nossa Casa Planetária está doente, não percebem isso? A Terra está febril e chorosa. O clima está descompensado; a atmosfera, os rios e os mares, todos poluídos; a natureza, devastada; muitas espécies animais, em extinção; a ganância irrefreável pelo ouro e pela terra, tudo isso comprova o grave adoecimento do nosso planeta. A Humanidade está destruindo a própria casa, morando nela!

Vemos, ainda, nações contra nações, pais contra filhos e filhos contra pais; o amor esfriando; a maldade se expandindo; falsos profetas se espalhando; a polarização de ideias fomentando ódios, de parte a parte; princípios éticos de uma sociedade civilizada sendo ignorados com frequência...

O Planeta está enfermo porque a Humanidade está enferma! Poucos têm experimentado o remédio da humildade e do amor. Por isso, grande parte dos meus irmãos está doente de orgulho e egoísmo, o que explica a "pandemia" de transtornos emocionais, que assola milhares de irmãos meus em todo o mundo. As entranhas da Humanidade passam por grande ebulição!

O mundo, enfim, está de ponta-cabeça, e eu quero colocá-lo no seu devido lugar. E esse trabalho começa em cada um dos meus amigos!

Acompanho esse momento com preocupação e cuidado, sem perder, no entanto, as rédeas do destino planetário glorioso que Deus confiou a mim. Eu mesmo já anunciei que chegaria o momento da separação do joio e do trigo,[72] que nada mais será do que separar os alunos na sala de aula entre aqueles que desejam prosseguir na Escola do Bem, que estão arrependidos do mal que fizeram e que

---

72 Mateus 13, 24-29.

desejam melhorar-se, e aqueles outros, que insistem no mal, na perversão, na crueldade, na insubmissão às Leis Divinas.

Esses últimos serão transferidos de sala de aula, porque dificultam o aprendizado dos primeiros, que desejam progredir espiritualmente. Outros mundos aguardam os renitentes; aliás, estes, paulatinamente, já estão sendo encaminhados às moradas planetárias mais primitivas, a fim de que possam lapidar suas inclinações rebeldes e maldosas.

Enfim, a Terra se encaminha para se tornar um planeta regenerado, morada de homens e mulheres que, embora ainda distantes da perfeição, estarão comprometidos com a paz, o amor e o bem comum.

Queira ser trigo; eu estou aqui para isso, e você herdará uma Terra renovada!

40

Ofereço o Meu Coração

Não vos deixarei órfãos.[73]

---
[73] João 14, 18. Bíblia Sagrada, Editora Ave-Maria.

Muitos acreditavam, e ainda pensam desse modo, que, com a minha crucificação e morte, eu deixaria todos abandonados, que minha missão teria fracassado na cruz. Ninguém esperava que eu fosse morrer daquele jeito humilhante; pareceu a todos que eu havia fracassado. Mas tudo aquilo foi a vitória da minha mensagem, que, a partir de então, se espalhou pelo mundo.

A maioria dos meus seguidores esperava que eu fosse tomar o poder político de Roma, mas a minha revolução é outra! De nada adianta trocar o poder de mãos, se o coração do Homem permanecer o mesmo. Os que são explorados passarão a exploradores, e, assim, sucessivamente.

A minha revolução é interior; o meu Reino não é deste mundo de injustiças e desamor; o meu poder é o serviço ao próximo; a minha arma é o perdão; a minha bandeira é a fraternidade; o meu programa de governo é o amor de uns para com os outros!

Eu não descansarei até que o Reino de Deus se instale definitivamente no coração de cada irmão meu! É por essa razão que, passados mais de dois mil anos da minha presença física na Terra, eu continuo caminhando ao lado de vocês, continuo ensinando, curando, amparando, amando e libertando meus amigos do sofrimento que é viver distante das Leis de Nosso Pai.

Insisto em reafirmar: eu não estou longe de vocês, e eu volto ao mundo cada vez que vocês viverem a minha mensagem! A minha volta acontece sempre que a mensagem que deixei for praticada por meus amigos.

Eu sou o pão da vida quando vocês estiverem com fome de amor. Eu sou a luz quando vocês estiverem na escuridão. Eu sou o remédio quando vocês estiverem doentes. Eu sou o caminho quando estiverem perdidos. Eu sou o amigo das horas amargas, quando todos os amigos tiverem se afastado de você!

Não há uma única vez em que você me chame e eu não o escute. Minha porta se abre quando você bate. Você, muitas vezes, não me escuta, mas eu não desisto de você! Às vezes, você toma caminhos tão contrários aos planos de Deus, mas eu fico aguardando pacientemente você me chamar, assim que perceber seu fracasso e sua impotência. Quando isso acontece, e acontece muitas vezes, eu sempre corro para abraçá-lo, beijá-lo, ampará-lo.

E é exatamente isso que faço neste instante, como fiz em vários momentos deste livro: ofereço a você o meu coração! O mesmo coração que, um dia, o centurião perfurou com a lança e do qual continua a jorrar amor, por todos os meus irmãos.

O meu coração é seu e jamais o deixará.

Não o deixe você também!

A iniciativa que começou em 1993 com um pequeno grupo de amigos liderado por Alcione Albanesi tornou-se um dos maiores projetos sociais do país que transforma a vida de milhares de pessoas no sertão nordestino, a região mais carente do Brasil.

Com projetos contínuos de segurança alimentar, educação, geração de renda, acesso à água, moradia e saúde, os Amigos do Bem atendem regularmente 150 mil pessoas em 300 povoados do sertão.

Você também pode ajudar a transformar.

amigosdobem.org